LES NOUVEAUX DROITS EN ALGÉRIE

RAPPORT

DE LA

COMMISSION DES ALCOOLS

ADOPTÉ

PAR LA RÉUNION DU 9 JANVIER 1896

TENUE AU PALAIS CONSULAIRE D'ALGER

ALGER

ADOLPHE JOURDAN, LIBRAIRE-ÉDITEUR

4, PLACE DU GOUVERNEMENT, 4

1896

LES NOUVEAUX DROITS EN ALGÉRIE

RAPPORT

DE LA

COMMISSION DES ALCOOLS

ADOPTÉ

PAR LA RÉUNION DU 9 JANVIER 1896

TENUE AU PALAIS CONSULAIRE D'ALGER

ALGER

ADOLPHE JOURDAN, LIBRAIRE-ÉDITEUR

4, PLACE DU GOUVERNEMENT, 4

1896

MEMBRES DE LA COMMISSION DES ALCOOLS

MM.

WAROT, J., ✻, Président (Président de la Chambre de Commerce d'Alger) ;

SIMIAN, Jules, Rapporteur, Directeur des Entrepôts Généraux d'Alger ;

DESSOLIERS, Félix, Président du Syndicat des Minotiers ;

DELBAYS, Émile, Fabricant de Liqueurs ;

MERCIER, Vice-Président de la Chambre de Commerce ;

MUSTAPHA HADJ MOUSSA, de la Maison Hamoud Fils et Cie, Fabricants de Liqueurs ;

PONS, Michel, Négociant en Vins, Juge au Tribunal de Commerce ;

RICOME, Courtier assermenté, Membre de la Chambre de Commerce ;

SELLIER, de la Maison P. Desseigne, Transitaire, Secrétaire du Syndicat Commercial d'Alger.

TACHET (✻, A. ◍, M. A.), Président du Syndicat Commercial, ancien Président du Tribunal de Commerce d'Alger ;

RAPPORT

DE LA

COMMISSION DES ALCOOLS

ADOPTÉ

PAR LA RÉUNION DU 9 JANVIER 1896

TENUE AU PALAIS CONSULAIRE D'ALGER

RAPPORTEUR : M. JULES SIMIAN

I

MESSIEURS,

Dans votre réunion du 3 janvier, vous avez nommé une Commission de dix membres, chargée de vous proposer les mesures qui paraîtront les mieux appropriées à la sauvegarde de vos intérêts, si gravement et si légèrement compromis, on peut le dire, par la loi de finances du 28 décembre 1895.

Votre Commission s'est mise immédiatement à l'œuvre. — Elle a hâte, attendu l'urgence, de vous tenir au courant de ses premiers travaux et de venir aussi, pour les mener à bon terme, puiser une force nouvelle dans vos conseils et dans vos adhésions.

Votre Commission a d'abord dû soumettre à une analyse attentive, l'ensemble et les détails, du document législatif, qui vient d'établir de nouveaux impôts dans la Colonie, et notamment d'élever de 30 à 75 francs, la taxe sur l'alcool, perçue au profit de l'État.

2

Elle ne peut s'empêcher de vous faire remarquer en commençant, que la dite taxe avait sa place tout indiquée dans la loi soumise actuellement au Sénat, sur le régime des boissons, dont elle n'est, en réalité, qu'une annexe. Il lui sera permis de regretter, qu'on ait cru devoir la distraire du cadre de la loi ordinaire, pour la transformer en simples articles d'une loi de finances, votée à la hâte, à l'extrême limite de l'année, devant des Chambres aux trois quarts dépeuplées de leurs membres, et, pour ainsi parler, à l'insu de vos propres représentants, comme M. le député Bourlier vous en a fait récemment l'aveu. Le Commerce Algérien a donc été dépouillé des garanties de réflexion dans l'étude et de maturité dans la rédaction, dont ne manquera pas de bénéficier, au contraire, le Commerce Métropolitain.

A ce point de vue, votre Commission a dû noter encore, qu'alors qu'en France l'usage a toujours prévalu qu'aucune mesure intéressant le commerce ou l'industrie, ne soit inscrite à l'ordre du jour du Parlement, avant d'avoir été soumise préalablement, pour avis, aux Chambres de commerce et qu'il n'est si minces modifications de tarifs, sur lesquelles elles ne soient consultées, on a pu en Algérie, porter l'impôt sur l'alcool, de 30 à 75 francs par hectolitre, c'est-à-dire majorer un tarif de **150** % (octroi de mer déduit) et menacer ainsi, par l'exagération des charges, l'existence même d'une importante industrie locale, sans que vos Chambres de commerce aient été saisies de l'examen de ces propositions.

Votre Commission a dû relever enfin, qu'à son tour, le Conseil supérieur de l'Algérie n'a pas été consulté, bien qu'il dût l'être, semble-t-il, aux termes des décrets organiques qui l'ont constitué. Peut-être objectera-t-on que cette consultation a semblé inutile, parce que le Conseil s'était montré autrefois partisan d'une taxe sur l'alcool. Mais sans rechercher ici à la suite de quelles circonstances, dans quelles conditions et sous quelles réserves cette adhésion a pu avoir lieu, il nous paraît certain que les mêmes raisons de droit et de convenances qui avaient amené le Gouvernement à le consulter sur la taxe, devaient le conduire à le consulter également sur une surtaxe tellement considérable, qu'elle constitue en définitive une taxe nouvelle.

Cette opinion ne nous est d'ailleurs pas personnelle; elle a été développée à la tribune du Sénat par un homme dont il est impossible de contester la compétence et l'autorité, par M. Clamageran, ancien Ministre des finances.

Voici comment il s'exprimait dans un rapport sur le régime fiscal de l'Algérie dont les conclusions ont été acceptées par le Gouvernement : « *Un impôt » nouveau ou le rehaussement d'une taxe ancienne en Algérie* doivent, selon » nous, remplir les conditions suivantes....

» 4° Avoir été l'objet de propositions antérieurement émanées de l'initiative » algérienne (régulièrement exercée par le Conseil supérieur) et soumises aux » pouvoirs publics. » (1).

---

(1) Rapport sur le Régime fiscal, page 59.

Ainsi que vous le remarquerez, votre Commission a cru devoir présenter, comme préface à son étude, quelques considérations d'ensemble. Elle a hésité d'autant moins à s'élever contre les vices généraux de l'établissement des nouveaux impôts et spécialement de la surtaxe sur l'alcool, qu'apparemment vous n'en serez pas les seules victimes.

Avec de tels errements, étant données les idées aujourd'hui en faveur, sur l'introduction dans la colonie de l'intégralité des impôts payés dans la métropole, aucune branche de commerce ou d'industrie ne peut se flatter d'être à l'abri d'une redoutable surprise. Nous avons donc conscience qu'en défendant votre cause, c'est en réalité la cause de tous vos confrères, de tous ceux qui travaillent et qui peinent que nous avons soutenue.

Mais il nous paraît inutile d'insister sur cette partie générale de notre rapport. Nous préférons, en ce qui la concerne, écourter nos observations plutôt que les étendre, afin de ne point paraître donner une allure politique à un débat qui doit demeurer exclusivement cantonné sur le terrain des affaires.

II

La question qui nous occupe peut se condenser en ces termes :

On veut nous appliquer une loi qui se concilie si mal avec l'état actuel de notre pays et son organisation industrielle, qu'elle nous paraît impossible à exécuter, si on ne la modifie pas.

C'est si vrai, que déjà neuf jours se sont écoulés sans que le règlement d'administration publique ait paru. Évidemment ce fait anormal confirme notre appréciation.

L'administration reconnaît, nous n'en doutons pas, que le dispositif de cette loi, envisagé dans son ensemble, est hérissé de difficultés pour la mise en pratique.

Les conséquences d'un tel état de choses se traduisent, pour l'instant, par un arrêt ou au moins une extrême gêne, dans les transactions commerciales du grand comme du petit commerce des spiritueux et un désarroi général.

En quoi consistent les principales imperfections de cette loi ?

Le pire de ses défauts gît dans le principe de rétroactivité, dont l'application entraînerait une véritable catastrophe, en provoquant de très fortes pertes pour les uns et la ruine pour les autres.

Les grands comme les petits seraient atteints.

Les petits surtout, auraient beaucoup à souffrir, et l'on peut dire, croyons-nous, que le plus grand nombre d'entre eux succomberaient.

La spontanéité de leurs doléances dans toute l'Algérie, semble bien le démontrer.

Grands et petits doivent donc se solidariser, pour éviter cette calamité, en faisant appel à la sollicitude des pouvoirs publics, sollicitude qui ne saurait leur être refusée.

On nous a fait observer qu'il est d'usage constant, que les taxes de Régie sont perçues dès la mise en vigueur de la loi qui les institue.

Tandis que les taxes d'octroi et de douane, ne sont pas perçues sur les produits ayant franchi la Barrière, avant la date de la mise en vigueur.

Mais alors, pourquoi en 1892 lorsque le droit de consommation de 30 francs fut établi, ne perçut-on pas ce droit sur les quantités très rondes d'alcool ou de spiritueux divers, qui furent introduites dans des conditions tout à fait analogues à ce qui se passe aujourd'hui ?

On nous répond que ce fut une exception qui ne saurait infirmer la règle.

Admettons-le, mais admettons aussi en même temps, alors, que très sincère-ment, personne ne pouvait se douter qu'il en serait autrement aujourd'hui.

Il n'en demeure pas moins très bizarre, qu'en vertu de ce principe, spécieux au plus haut degré, le négociant qui importe du poivre ou du sucre en grande quantité à la veille d'une augmentation de droits (ce qui est précisément le cas en ce moment), il est très bizarre disons-nous, et même tout à fait illogique, que ce négociant soit à l'abri de toute critique, pendant que le malheureux importateur d'alcool est considéré comme ayant fait une opération illégitime.

Dans le public on ne s'explique pas du tout cette distinction ; pour la saisir, il faut être très versé dans les questions subtiles de la législation des finances ; il faut être un spécialiste. — N'est-il pas tout naturel, que nous, commerçants algériens (commerçants — comprend tout le monde, grands et petits) nous soyons surpris de ce que nous appelons la rétroactivité ? Notre bonne foi a été surprise, et d'autant plus surprise, que nous avons lieu de penser que cette disposition de rétroactivité, a été ajoutée *in extremis*, sans que nos députés l'aient soupçonnée, comme nous l'avons déjà dit.

Une autre conséquence assurément inique, de l'application de ce principe, c'est que des commerçants honnêtes et prudents, de la Métropole aussi bien que de l'Algérie, qui ont passé des marchés à livrer pour 1896 et ont fait incon-testablement œuvre sage en se couvrant à l'avance, vont subir un préjudice considérable, par suite d'une augmentation qui n'était pas dans leurs prévisions et qu'ils n'ont pu dès lors faire entrer en ligne de compte dans la fixation du prix de leurs marchés.

Par ces motifs, il nous semble que nous sommes très fondés à réclamer ; et nous ne doutons pas que nos justes doléances seront favorablement accueil-lies par les pouvoirs publics, soucieux, nous en sommes certains, de nous éviter la catastrophe dont nous serions, dans le cas contraire, tous victimes.

Cette loi est trop compliquée ; la taxe différentielle sera d'une perception fort laborieuse ; elle causera bien des ennuis et peut-être de fréquents et regrettables malentendus entre le Service des Contributions et les assujettis ; ce mode de taxe prêtera aux abus.

Ne vaudrait-il pas mieux s'en tenir à une taxe unique sur l'alcool ?

N'est-il pas préférable de simplifier au lieu de compliquer ?

En adoptant le système de la taxe unique sur l'alcool pur, quelle que soit la composition des spiritueux, le Service des Contributions opérera plus commo-dément, il faudra moins de personnel, les combinaisons frauduleuses seront plus difficiles, et le montant des recettes sera plus élevé.

Par conséquent l'État, l'Administration des Contributions et les assujettis, tout le monde enfin, y trouvera son compte.

Quelle que soit la modification qui intervienne, il faut que l'on ait la faculté de travailler à l'Entrepôt afin de pouvoir, soit exporter, soit mettre à la consom-mation en acquittant les droits.

Il est à remarquer, qu'en Algérie, le taux des licences est beaucoup plus élevé qu'en France, c'est comme une sorte de compensation de ce que le droit sur l'alcool y fut jusqu'ici moins élevé ; mais nous n'avons pas le privilège des Bouilleurs de Cru. — On sait qu'en France ce privilège existe.

Aujourd'hui, on nous augmente les impôts, mais on ne nous accorde pas le privilège des Bouilleurs de Cru, pas plus qu'on ne diminue sérieusement les licences.

Pourquoi cette infériorité ?

Monsieur Georges Cochery, dans son rapport général du budget de l'exercice de 1896, fait la constatation suivante, que nous croyons bon de retenir :

« Pour l'ensemble des redevables, le taux moyen de la licence en Algérie » ressort à 205 francs, tandis qu'il ne s'élève qu'à fr. 29, dans la Métropole ».

Maintenant qu'on nous charge de nouvelles taxes, ne serait-il pas juste qu'on tînt compte de cette inégalité ?

Droit de Fabrication

Nous avons parlé, au cours de ce rapport, des difficultés de perception que soulèverait l'application du droit de fabrication sur les différentes boissons ; le sujet mérite bien que nous entrions dans quelques développements supplémentaires.

Le législateur est-il bien sûr que ses calculs ne seront pas déjoués ?

Il établit un droit de fabrication basé sur la graduation des degrés ; par exemple, un hectolitre d'absinthe titrant comme d'ordinaire 72 degrés payera, indépendamment du droit sur l'alcool, une taxe supplémentaire au volume de 50 francs.

Mais n'est-il pas à supposer que les fabricants abaisseront le degré de l'absinthe à la limite de 49 degrés pour profiter d'un abaissement de droit se traduisant par 20 francs par hectolitre ? Encore faut-il ajouter, pour être exact dans cette hypothèse, que l'État perdra une différence aussi sur la diminution de quantité d'alcool entrant dans la composition de la liqueur ; si bien que, pour l'absinthe surtout, cette différence sur l'alcool sera de 28 fr. 75.

Si nous y ajoutons les 20 francs ci-dessus, nous atteignons le chiffre global de 48 fr. 75.

De ce chef, l'État est exposé à une diminution de recette dont il ne s'est peut-être pas rendu compte.

Essences et Concentrés

On peut recevoir à Alger, par colis postaux, de l'Étranger, des essences ou des concentrés qui, dans ces conditions, pénètrent actuellement, sans déclaration et sans acquitter de droit.

On peut aussi en recevoir par la poste de petites quantités, à titre d'échantillon sans valeur.

Si bien, que les commerçants qui recevraient des essences ou extraits par connaissements, seuls, acquitteraient les droits.

En outre, le liquoriste algérien qui aurait reçu régulièrement cette marchandise par connaissement, finirait après emploi, par avoir acquitté deux fois le droit: Une première fois à l'Entrée en Algérie, à la Douane, une seconde fois sur le produit qu'il aurait fabriqué avec ces essences ou extraits.

Nous avons le devoir de signaler cette défectuosité de la loi, à laquelle il faut absolument remédier.

Ces produits ne sont peut-être pas très intéressants au point de vue hygiénique, mais tant que la législation ne sera pas, en ce qui les concerne, modifiée en France, il ne convient pas de placer les négociants algériens en état d'infériorité.

Alcool à brûler

Jusqu'à présent, en Algérie, l'alcool à brûler paye le même droit que l'alcool bon goût; tandis que dans la Métropole il existe une différence de droit très sensible sur l'alcool à brûler, auquel on fait subir une dénaturation.

Aujourd'hui, avec l'augmentation des droits en Algérie, cette charge ne pourrait plus être supportée, car on chercherait à substituer à l'alcool mauvais goût, un autre combustible plus économique, tandis que la dénaturation et l'abaissement du droit faciliteraient l'écoulement de l'alcool mauvais goût, non seulement pour le brûler, mais aussi pour l'employer à la fabrication des vernis et aux divers usages industriels.

Il faut donc dans l'intérêt même du Trésor que la législation obvie à cette anomalie.

III

Il y a lieu maintenant de chercher le meilleur moyen de sortir au plus tôt de la fâcheuse situation actuelle.

La loi étant votée et promulguée, il n'y a, croyons-nous, d'autre remède que d'en référer par l'organe des pouvoirs compétents au Parlement; lui seul peut revenir sur ce qu'il a fait.

Dans quel sens faut-il présenter respectueusement la solution de cette question au Parlement?

1° Dans le sens de l'abrogation pure et simple de l'effet rétroactif;

2° Ou bien en demandant l'abrogation complète de toute loi et son remplacement immédiat par une autre loi mieux appropriée aux exigences de la situation et constituée de telle sorte qu'elle concilie les intérêts du commerce et ceux du trésor;

3° Transitoirement, il faudrait obtenir la suspension de la loi actuelle et le maintien du *statu quo ante,* jusqu'à la réalisation très prochaine de l'une des deux solutions précédentes.

Tels sont les vœux que votre Commission se propose d'exprimer en votre nom, Messieurs, ainsi qu'au nom de vos confrères d'Oran et de Constantine qui nous ont expressément autorisés à le déclarer.

Ces vœux nous paraissent être la meilleure solution désirable.

Si vous les approuvez, nous nous efforcerons de les faire prévaloir en employant tous les moyens dont nous pourrons disposer et en mettant tout notre zèle et tout notre dévouement pour aboutir.

Pour la Commission :

Le Rapporteur,

Jules SIMIAN